GRÜNE SMOOTHIES

EINFACH SCHLANK

Ian Sommer
Printed in Germany
Titel unter Verwendung von Fotos: © Yuri_arcurs und Evgeny Karandaev, Dreamstime.com
Grafiken und Zeichnungen: Ian Sommer
© 2014 Herstellung und Verlag: Books on Demand GmbH, Norderstedt

ISBN 9783735722157

Ein paar Worte zu Diäten

Heutzutage gibt es viele Ernährungsweisen und mindestens genauso viele Gesundheitsapostel, die in Rundfunk, Fernsehen und Zeitschriften ihre Versionen richtiger Ernährung anpreisen. Die „neuen" Ideen sind meist nicht wirklich neu. Fast immer wird aus der angeblich einzigartigen Methode sogar noch ein großes Geheimnis gemacht und weitere Informationen sind nicht frei zugänglich. Es müssen erst einmal Bücher gekauft werden und nicht selten kann man weitere Rezepte nur im Abo erwerben oder die angeblich notwendigen Nahrungsergänzungsmittel, fertige Drinks und Speisen nur über Versandhandel oder Apotheken erwerben. Das alles ist nicht billig und die geschmackliche Variation beschränkt sich auf wenige Gerichte an denen man schnell die Lust verliert. Jeder, der das schon einmal ausprobiert hat, musste schnell feststellen, dass sich die schlank machende Wirkung nicht wie erhofft einstellte und er unnötig viel Geld ausgegeben hat.

In den meisten Fällen werden Diäten aus zwei ganz einfachen Gründen abgebrochen – ich spreche da aus eigener Erfahrung:

1. **Hunger,** dazu zähle ich:
   - nie richtig satt und zufrieden zu sein,
   - zwischen den Mahlzeiten Hunger zu leiden,
   - Verbote einhalten zu müssen,
   - die Auswahl der Lebensmittel einschränken zu müssen,
   - weniger bei den Speisen variieren zu können,
   - ein schlechtes Gewissen beim Essen von „verbotenen" Speisen zu bekommen.

2. **Hoher Aufwand**, dazu zähle ich:
   - Kosten für Literatur und Rezepthefte,
   - Zeitaufwand für das Studieren von Kalorientabellen,
   - komplizierte Zutatenlisten,
   - Schwer beschaffbare exotische Lebensmittel, Nahrungs-ergänzungsmittel oder Fertigprodukte,
   - Hohe Preise für spezielle Diätprodukte,
   - umständliche oder aufwändige Zubereitung der Speisen (immer sind Kochbücher oder Rezepte nötig etc.)

Ich dachte früher, dass diese beiden Hürden nur mit großer Eigendisziplin zu nehmen sind. Und genau diese Eigendisziplin hat bei mir immer irgendwann nachgelassen – spätestens unter Zeitdruck. Da kam ich gar nicht mehr auf den Gedanken, was ich wann und in welchen Mengen essen sollte. Ich bekam unerträglichen Hunger und begann dann einfach wieder „normal" zu essen. Ich musste mir eingestehen, dass ich selbst zu schwach war und versagt hatte. Und wieder hatte ich eine Methode ausprobiert und war daran gescheitert. Immer suchte ich die Schuld bei mir: „Ich schaffe das einfach nicht!"
Aber warum war ich so schwach und andere schafften das?

Kommen Ihnen diese Fragen bekannt vor?

HABEN SIE SICH SCHON EINMAL GEFRAGT,
OB EINSCHRÄNKUNGEN IM SPEISEPLAN EIGENTLICH
NICHT VOLLKOMMEN UNNATÜRLICH SIND?

Sie werden sich schnell darüber klar werden, dass einseitige Ernährung nicht sehr Gesund sein kann. Auch kann ich mich nicht mit dem Gedanken anfreunden, jeden Tag eine spezielle Pulvermischung mit Wasser zu verrühren und „einzunehmen". Wie wird sie produziert? Sind überhaupt wirklich alle Zutaten darin enthalten, die auf der Packung angegeben sind? Oder ist das Mittel in Wirklichkeit nur eine Mogelpackung, die sich nur gut verkauft, weil jemand den Wunsch hat, dünn, schlank und vital zu sein und vielleicht nur ein Prominenter dafür im Fernsehen Werbung macht?
Ich will Sie mit diesen kritischen Fragen nicht erschrecken und auch nicht daran rütteln, wenn Sie der Diät- und Nahrungsergänzungs-

mittel-Industrie aufgeschlossen gegenüber stehen. Beim Lesen dieses Buches und spätestens beim Ausprobieren Ihrer ersten Smoothies werden Sie aber sicherlich eigene Schlüsselmomente erleben – und Sie fangen dann an, sich Fragen zu stellen, die ich mir vor einigen Jahren selbst gestellt habe – nachdem ich schon unzählige Euros für angeblich schlank machende Zaubermittel und Literatur ausgegeben hatte.

Meine erste Frage, die ich mir schon vor meinem ersten Diät-Versuch stellte, war deshalb folgende:

Wir befolgen einen Diätvorschlag und bemerken recht schnell, dass wir uns nicht richtig satt fühlen. Schlechte Laune stellt sich ein und wir sind von unserer dauernd „essenden" Umwelt zunehmend genervt. In unseren Augen essen alle immer alles – nur wir dürfen nicht! Und das ist alles kein Spaß! Das ist Ernst!

Hat sich dieser Gedanke erst einmal in uns festgesetzt, können wir nur noch an all die attraktiven Speisen denken, die uns entgehen. Bei mir waren das z.B. gemeinsame Mittagessen in Restaurants mit Schweinsbraten und Knödel. All diese guten Sachen durfte ich nicht mehr essen und musste verzichten! Aber ich wollte nicht verzichten!

Dieser entscheidende Grund ist die Hauptursache, warum so häufig Diäten abgebrochen werden oder nach der (vermutlich nicht allzu langen) Ausdauer der selbst auferlegten „Tortur" wieder richtig zugeschlagen wird. Der Jo-Jo-Effekt, so alt wie die Diät selbst, spricht darüber Bände. Eine begrenzte Zeit über können wir alle Regeln und Anweisungen befolgen. Werden wir aber schwach, stellen sich die gleichen Ernährungsgewohnheiten ein wie in der Zeit davor. Einfach deshalb, weil uns „Hungern" nicht liegt. Es ist gleichgesetzt mit Verzicht, Qual usf. - also mit nichts Gutem. Warum sollten wir das freiwillig tun? Nehmen wir Nahrung auf, wollen wir doch satt werden. Es liegt nicht in unserer Natur, immer und immer wieder auf etwas zu verzichten. Wir sollten uns eingestehen, dass es uns in einer Zeit, in der der Mensch hauptsächlich mit Konsum beschäftigt ist, nahezu unmöglich geworden ist, Verzicht zu üben. Wir kaufen nicht nur jedes Jahr neue Handys und bestellen bequem alles im Internet, wir wollen uns ebenso bequem ernähren. Nicht umsonst wächst der Anteil an Fertigprodukten im Supermarkt kontinuierlich an. Wir sollten uns endlich eingestehen, dass wir diese Entwicklung nicht mehr aufhalten können. Die Fertigpizza gehört heutzutage genauso zu unserem Leben wie eine Bestellung per Mausklick. Der Mensch – und da schließe ich mich ausdrücklich mit ein – ist bequem veranlagt. Warum in ein Geschäft fahren, wenn man sich die Ware nach Hause liefern lassen kann? Warum eine Stunde oder mehr kochen, wenn man doch etwas kaufen kann, dass man nur erhitzen muss? Warum sollte man sich diese Zusatzarbeit machen?

Nach jahrelangem Überlegen und vielen gescheiterten Diäten bin ich zu dem Schluss gekommen, dass der Mensch immer und überall Bequemlichkeit sucht. Er will sich deshalb auch beim Essen nicht quälen. Warum auch?

Er fährt doch genau deshalb ein Auto mit Klimaanlage weil es angenehm ist, er hat eine weiche Couch damit der nicht hart sitzen muss, einen Fernseher, der ihm die Mühe abnimmt, sich selbst zu beschäftigen, einen Computer, mit dem er jegliche Produkte nach Hause bestellen kann und ein Handy um sich die Strecke in den Hausflur zu ersparen oder eine Telefonzelle suchen zu müssen.

Diese Aufzählung ließe sich beliebig erweitern. Deshalb sollten wir uns endlich mit einer Tatsache abfinden: der Mensch ist bequem veranlagt!

Fast alle Konsumprodukte in unserer Gesellschaft sind deshalb dafür bestimmt, uns das Leben einfacher und angenehmer zu machen. Durch sie bewegen wir uns immer weniger, werden kaum noch selbst aktiv und verbringen einen Großteil unseres Lebens im Sitzen. Wie sollten wir es nun in all dieser Bequemlichkeit überhaupt schaffen, auf etwas wie das „Essen" zu verzichten?

Und jetzt werden Sie begeistert sein!
Denn ich verspreche Ihnen folgendes:

MIT GRÜNEN SMOOTHIES

WERDEN SIE AUF NICHTS VERZICHTEN MÜSSEN!

UND ALS NEBENEFFEKT

WERDEN SIE DABEI AUCH NOCH ABNEHMEN!

KENNEN SIE DIE PROBLEMATIK MIT DIÄT-MENÜS?

Alle haben eines gemeinsam: Sie schränken uns ein. Nicht nur deren Sättigungswirkung ist das Problem – vor allem deren Vielfalt!

Begann ich mit einer Diät, konnte ich mich noch mit Anrührdrinks in den Geschmacksrichtungen Vanille, Schokolade, Erdbeere und Tropical anfreunden – aber nach einem Monat? Oder ein Leben lang?
Wie um alles in der Welt soll das denn funktionieren?

Alleine die Vorstellung, immer wieder das Gleiche essen zu müssen, verursachte Würgereiz in mir!
Ginge es nach der Industrie, sollten wir ein Leben lang etwas essen, dessen Geschmack uns diktiert wird. Wissenschaftler entwickeln in Laboren genau die Geschmacksrichtungen, die wir mögen!

Eine einfache Frage: Wollen wir wirklich die Zusammenstellung unseres Essens auch noch aus der Hand geben und uns von der Industrie fremdbestimmen lassen?

HABEN SIE SCHON EINMAL FÜR SPEZIELLE DIÄTEN EINGEKAUFT,

WISSEN SIE, WAS DAS ALLES KOSTET.

Kochen Sie Diätmenüs nur für sich alleine, gibt es keine kleinen Verpackungsgrößen. Sie können die Reste nicht aufbrauchen und müssen sie wegwerfen oder Sie zahlen sehr viel Geld für industriell hergestellte Fertigprodukte: Diät-Pulver, -Drinks, -Tabletten, -Fertiggerichte und wie sie alle genannt werden. Die Regale der Reform-

häuser, Supermärkte und Apotheken biegen sich darunter. Produkte deren Preise die Kosten für herkömmliche Lebensmittel bei weitem übersteigen – von den versprochenen Abnehm-Wirkungen ganz zu schweigen. In der Regel müssen Sie nur für Ihren Glauben an diese Wirksamkeit tief in die Tasche greifen.

Ich bin mir sicher: Vielen Lesern wird dieses Argument unwichtig sein, da sie beim Essen nicht sparen wollen. Gut gedacht!

Aber Gutgläubigkeit wird gerne von der Industrie ausgenutzt.

Sie glauben mir nicht?

Sie sollten immer daran denken, dass wir in Deutschland einen Überfluss an Lebensmitteln – egal welcher Art – erleben. Und das bei Preisen, die sich im Europavergleich am unteren Ende befinden. Die Lebensmittelproduzenten sowie die Einzelhandelsketten unterbieten sich stetig in einem harten Wettbewerb. Jeder versprochene Zusatznutzen zahlt sich für sie millionenfach aus. Nicht umsonst bemängeln unabhängige Verbraucherschutzorganisationen jedes Jahr unzählige Mogelpackungen und Verpackungen mit falsch aufgeführten Zutatenlisten.

Für Kinder gibt es kleine Spielzeuge gratis dazu, nur damit wir ein spezielles Müsli für sie kaufen. Für die Erwachsenen werben kleine Worte subtil für einen angeblichen Zusatznutzen: „Diät, Light, Leicht, Wohlempfinden, Mager, Gesund" sind nur einige Beispiele dafür.

Schon seit einiger Zeit werden diese Begriffe inflationär auch noch durch angebliche „Spurenelemente" oder „Vitamine" auf den Verpackungen ergänzt – nur um uns die Produkte noch schmackhafter zu machen. Wir können nun ganz ohne schlechtes Gewissen einkaufen denn wir fühlen uns beim Konsum dieser Fertigprodukte gut und tun anscheinend auch noch etwas für unsere Gesundheit.

JEDER VON UNS WÜNSCHT SICH LEBENSMITTEL, DIE FREI VON
SCHADSTOFFEN UND SPRITZMITTELN SIND.

Seien wir ehrlich: Kein Mensch wünscht sich mit Pestiziden behandelte Lebensmittel.
Nach etlichen Lebensmittelskandalen finden wir uns aber in einer etwas eigenartigen Wirklichkeit wieder: Bio-Produkte gibt es nicht nur beim Discounter, nein, der Preis dafür ist manchmal der gleiche wie für konventionell hergestellte Produkte. Viele dieser Produkte werden trotzdem aus dem Ausland importiert. Wie steht es da nun mit deren Umweltbilanz? Wer kontrolliert z.B. meine Bio-Tomate aus

Spanien im Ursprungsland. Kann ich mich überhaupt darauf verlassen? Welche Öko- oder Bio-Siegel sind aktuell und garantieren mir absolut kontrollierte Bio-Qualität?

Da man bei den Inhaltsstoffen und auch bei den Herkunftsbezeichnungen als Verbraucher nach wie vor im Dunkeln gelassen wird, sollte man sich einmal mehr auf seinen eigenen Verstand verlassen: Regionale Produkte, die in kleinen Betrieben produziert werden erscheinen immer vertrauenswürdiger als Produkte der Großindustrie. Der einfache Verstand sagt mir, dass ich ein Stück Fleisch einer kleinen Metzgerei, die selbst schlachtet, mit besserem Gewissen essen kann als ein eingeschweißtes Stück Fleisch aus dem Supermarktregal. Kurze Fahrtwege des Schlachtviehs, kürzere Verarbeitungsketten etc. sind nur ein paar wichtige Punkte, die für regionale Produkte sprechen. Bei Obst und Gemüse sieht das nicht anders aus.
Nicht zuletzt schmecken diese Produkte besser – eben genau weil sie nicht in langen Kühlketten transportiert werden mussten. Die Holland-Tomate, deren Aussehen perfekt gezüchtet ist schmeckt wie eine schlechte Gurke. Wer zum Vergleich eine Tomate aus dem eigenen Garten hat, wird das sofort bestätigen.
Mit einem grünen Smoothie haben Sie volle Kontrolle über Ihre Lebensmittel. Sie wählen selbst alle Zutaten aus, können direkt beim Erzeuger einkaufen oder Produkte aus dem eigenen Garten bedenkenlos verwenden. Was gibt es Schöneres?
Sie wissen immer genau, was in Ihrem Smoothie enthalten ist. Und das sind reine Naturprodukte! Konservierungszusätze, Farbstoffe und andere chemische Hilfsstoffe kommen darin nicht vor.
Entscheiden Sie sich für Produkte aus regionalem biologischem Anbau, müssen sie kaum etwas schälen und sind noch schneller mit der Zubereitung fertig!

Ist es nicht einfacher, eine Fertigpizza in den Ofen zu schieben als sie selbst zuzubereiten?
Sicher!
Und Sie erfahren bald, wie einfach und schnell Sie sich Ihre Smoothies selbst zusammenstellen und in Sekunden mixen können. Das geht nämlich schneller als das Aufbacken einer Fertigpizza.

ICH BEHAUPTE, EINE GESÜNDERE UND VOR ALLEM EINFACHERE UND SCHNELLERE METHODE ALS DIE DER SMOOTHIES GIBT ES ÜBERHAUPT NICHT!

Denken Sie daran: Wir wollen es im Grunde einfach und fühlen uns immer zu einfachen Lösungen hingezogen. Uns widerstrebt es, vor jedem Essen komplizierte Rezepte zu studieren und dann noch Stunden in der Küche zuzubringen. Unser Alltag ist inzwischen von Geschwindigkeit bestimmt. Überall mangelt es an Zeit! Gut dass wir mit einem Mixer im Handumdrehen Mahlzeiten zubereiten können, die uns satt machen und deren Wirkung wir sofort am eigenen Leib spüren. Sie werden es selbst erleben!
Bitte verstehen Sie mich nicht falsch: Ich koche leidenschaftlich gerne – auch richtig aufwändig – und backe sogar mein eigenes Brot. Aber trotzdem habe ich damit aufgehört mich selbst zu belügen: Es gibt Momente – und das mehrmals in der Woche – da habe ich dafür einfach keine Zeit oder keine Lust. Da muss es schnell gehen, weil ich nur eine Viertelstunde Zeit habe und ich wünsche mir nichts sehnlicher als dann auch noch gesund zu bleiben, satt zu werden und geschmacklich nicht enttäuscht zu werden!

Grüne Smoothies helfen mir dabei. Sie sind rasend schnell gemixt, lecker, satt machend und gesund. Was will ich mehr?

SO ODER SO ?

Wir kommen nun zum zentralen Ding, um das sich alles dreht:

Der Mixer

Meine Erfahrung hat gezeigt: Mixer ist nicht gleich Mixer. Ein konventioneller Mixer kann zwar Smoothies mixen. Allerdings erreicht die Maschine schnell ihre Grenzen: Die Zutaten müssen kleiner geschnitten werden und der Vorgang des Mixens dauert vielfach länger als bei Hochgeschwindigkeitsmixern, deren Geschwindigkeit bei ca. 18.000 – 20.000 Umdrehungen liegt und deren Leistung ausreicht, auch harte Zutaten wie Kerngehäuse mikroskopisch fein zu zerkleinern.

Ich persönlich benutze einen Blendtec-Mixer, der mich bis jetzt nie im Stich gelassen hat. Blendtec stellt Mixer her, die sich bereits Jahrzehnte im gewerblichen Bereich bewährt haben. Die Entscheidung liegt natürlich bei Ihnen. Um die Welt der Smoothies zu erproben, können Sie natürlich auch Ihren bisherigen Mixer nutzen. Allerdings werden Sie sofort einen Unterschied bemerken, wenn Sie einmal einen Smoothie aus einem Hochleistungsmixer probiert haben. Alle Zutaten werden hier so fein püriert, dass man keine Stückchen mehr feststellen kann. Je nach Wassergehalt hat die Flüssigkeit die Konsistenz von dünnem bis dickerem Saft oder von schaumig cremigem Püree. Werden Zutaten verwendet, die Bitterstoffe enthalten, bevorzuge ich die feinste Zerkleinerung, da ich so auf kein bitteres Stückchen mehr beisse!

Ein nicht zu unterschätzender Vorteil eines schnellen Mixvorgangs ist, dass weniger Hitze entsteht. Dem Phänomen eines lauwarmen Smoothies können Sie aber auch mit Eiswürfeln oder gefrorenen Zutaten entgegenwirken!

Beginnen wir mit einer neuen Ernährungsweise, wünschen wir uns
natürlich zu aller erst einmal genaue Rezepte und eine Anleitung.
Folgende einfache Regeln habe ich mir für meinen Einstieg in die
Welt der Smoothies gemerkt. Inzwischen geht das alles nach Gefühl.
An den Zeichnungen sehen Sie, dass es nicht darauf ankommt, ob sie
5 oder 10 Weintrauben in den Mixer geben. Sie werden den Unterschied nach dem ersten Schluck selbst schmecken. Und wenn Ihnen
der Smoothie noch nicht süß genug ist, geben sie einfach noch ein
paar Trauben oder eine halbe Banane hinzu und mixen erneut. Fertig! Und so einfach geht das wirklich:

- Zuerst ersetzen Sie eine Mahlzeit durch Smoothies – danach können weitere folgen.
- In jedem Smoothie ist ein gewisser Anteil „grüner" Anteile enthalten.
- Variationen machen den Geschmack: Obst und Blattgemüse werden immer unterschiedlich kombiniert.
- Gekühlt schmeckt's (mir zumindest) noch besser!

Sie werden bemerken, dass Sie in diesem Büchlein wenige Rezepte finden. Die hier aufgeführten Rezepte dienen nur dem Einstieg. In vielen Büchern finden sich 150 und mehr Rezepte für Smoothies. Für mich ist es eine schreckliche Vorstellung vor dem Mixen immer in einem Buch nach einem geeigneten Rezept zu suchen. Und dann hat man eine Zutat nicht im Haus!!! Oh Gott!!! Darf ich die Erdbeeren überhaupt anstatt der Heidelbeeren verwenden? Und Spinat anstatt des Kopfsalats? Bananen anstatt der angegebenen Mango?

Ich sage es Ihnen hier ein für allemal: Rezepte für Smoothies braucht kein Mensch. Das ist viel zu Aufwändig!

Werfen Sie die Lebensmittel, die Sie gerade zu Hause haben (Obst, Salat, etc.) in Ihren Mixer und vertrauen Sie sich selbst und Ihrem Geschmack!

Es ist wirklich so einfach. Sie werden es erleben!

Noch ein paar letzte Tipps (nur damit Ihnen die ersten Smoothies noch besser gelingen):

WELCHE OBSTSORTEN SOLLTE ICH VERWENDEN?

Bananen, Birnen, Erdbeeren und Mango geben dem Smoothie eine gleichmäßig cremige Konsistenz. Verwendet man z.B. nur ein paar Äpfel, trennt sich der gemixte Smoothie sehr schnell in eine Schicht fester und eine Schicht flüssiger Bestandteile. Das schmeckt nicht so gut und lässt sich weniger gut trinken – außer man rührt immer kurz vor dem Trinken um. Wichtig ist also die Verwendung eines Bestandteils, der zur gewünschten cremigen Konsistenz führt.

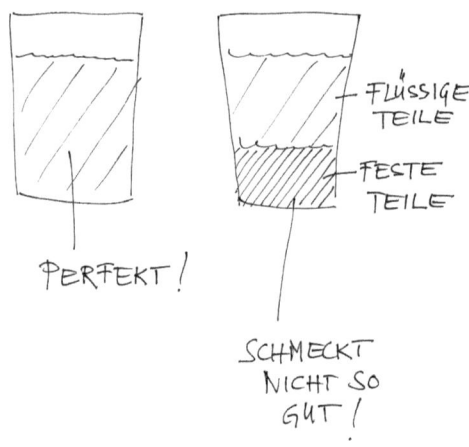

PERFEKT!

FLÜSSIGE TEILE

FESTE TEILE

SCHMECKT NICHT SO GUT!

WELCHE GRÜNEN BESTANDTEILE SOLLTE ICH VERWENDEN?

Alle! Salate jeder Art. Wer Bitterstoffe mag, kann auch Radicchio oder Chicorée mixen.
Dazu kommen noch grüne Blattgemüse wie Chinakohl, Mangold etc. und natürlich ungeschälte Salatgurken, Avocado (geschält)

WIE SOLLTE DAS VERHÄLTNIS VON OBST / GRÜN / WASSER SEIN?

Ich persönlich gebe immer 50% Volumenanteil Obst zuerst in den Mixer. Dann folgen darauf 50% Volumenanteil Grünes. Wobei ich die Blätter schon fester zusammenstopfe – sonst wären ja nur 10g Blätter enthalten – von der Menge verwende ich z.B. rund 200g Babyspinat.

Ist alles im Mixer, gebe ich so viel frisches Wasser hinzu bis es ungefähr etwas über die Hälfte hoch steht. Das Wasser bedeckt also die Schicht mit den Früchten komplett. Ist mir der Smoothie nach dem ersten Mixen (etwa nach 30 Sekunden) zu dick, gebe ich weiteres Wasser hinzu und mixe nochmals. Die Erfahrung hat mir gezeigt, dass mir ein Smoothie selten zu dünn war – eher zu dick. Aber hier kommt es auf die persönliche Vorliebe an.

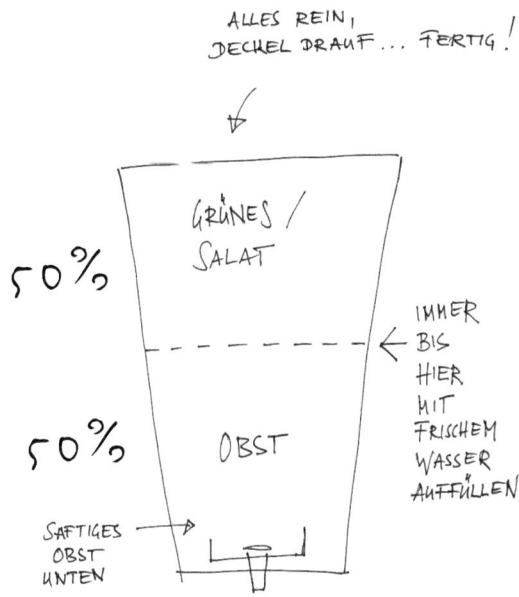

ALLES REIN, DECKEL DRAUF ... FERTIG!

GRÜNES / SALAT

50%

50%

OBST

IMMER BIS HIER MIT FRISCHEM WASSER AUFFÜLLEN

SAFTIGES OBST UNTEN

Gefroren oder nicht gefroren?

Nicht nur ich bin der festen Überzeugung, dass Produkte, die vor Ort eingefroren wurden und erst zu Hause aufgetaut werden (z.B. gefrorener Spinat oder Mango), viele ihrer ursprünglichen Nährstoffe enthalten. Folgende Effekte machen wir uns zusätzlich zu Nutze: Gefrorene Mango ist günstiger als Frischware. Zudem kühlt sie den Drink angenehm wie mehrere Eiswürfel.

Ich kaufe aus diesem Grund immer eine größere Menge Bananen, die schon braun gesprenkelt sind. Diese sind schön reif und süßer als die oft unreifen grünen Exemplare. Manchmal habe ich sie schon geschenkt bekommen, da sie anscheinend keinen Abnehmer finden – super, ich nehme sie gerne! Einfach schälen und halbiert in einer Gefrierdose in den Tiefkühlschrank geben. So haben Sie immer einen Vorrat an kühlendem Obst im Haus. Sind Mangos saisonal günstig und wohlschmeckend, kaufen Sie eine ganze Kiste, schneiden Sie die Früchte in Würfel und gebe Sie sie portionsweise in Tiefkühlbeutel. Ein solcher Vorrat erspart Arbeit, wenn es einmal schnell gehen muss.

Warum sollte das funktionieren? Nun, ich habe es mir auch nicht vorstellen können! Als ich von der Idee gepackt wurde, eine ganze Mahlzeit durch einen Smoothie zu ersetzen, probierte ich einfach folgendes: Ich bereitete mir kurz nach dem Aufstehen einen Smoothie zu und trank zum Frühstück zwei große Gläser davon – also quasi so viel bis nichts mehr hineinpasste.

Komischerweise bekam ich nach ca. zwei bis drei Stunden keinen Hunger wie das nach den sonst üblichen Marmeladenbroten der Fall

MEIN BISHERIGES FRÜHSTÜCK BESTAND HAUPTSÄCHLICH AUS KOHLENHYDTRATEN, FETTEN UND ZUCKER!

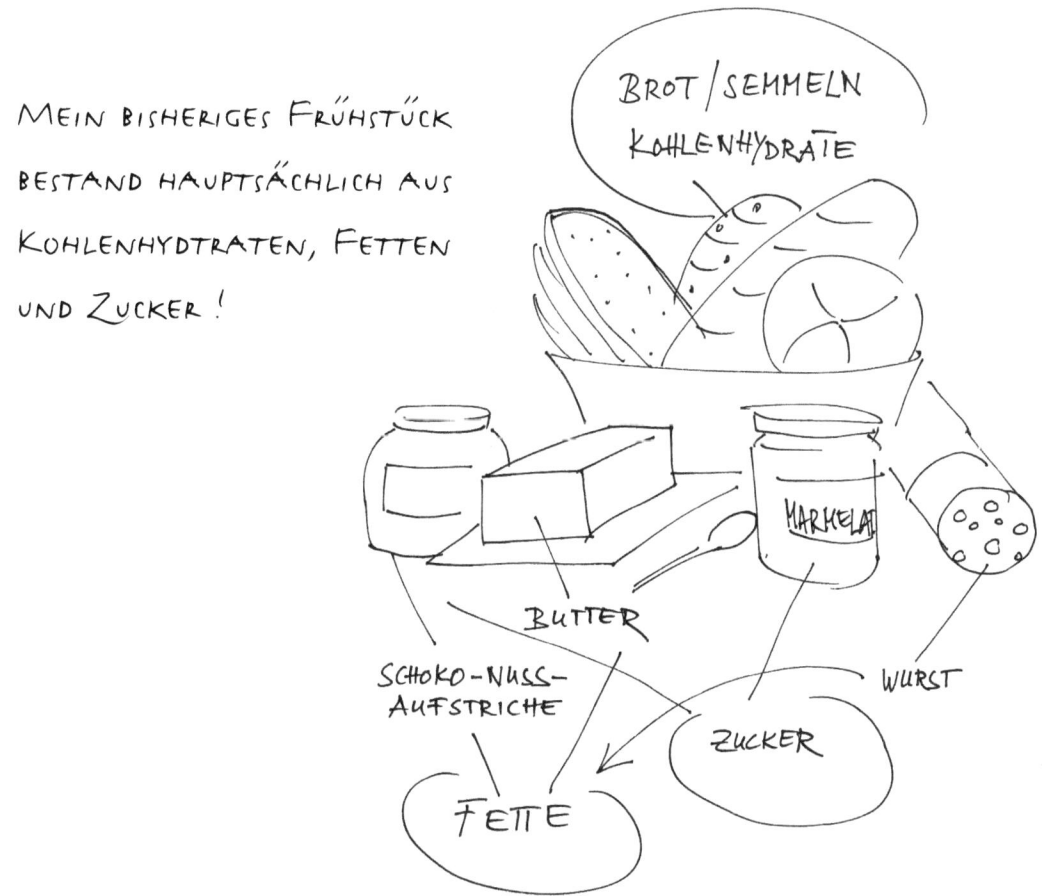

BROT/SEMMELN
KOHLENHYDRATE

BUTTER

SCHOKO-NUSS-AUFSTRICHE

MARMELA

WURST

ZUCKER

FETTE

gewesen wäre. Nein, ich war immer noch satt und das bis zum Mittagessen. Zuerst wollte ich es nicht glauben. Aber an den folgenden Tagen bestätigte sich mein Gefühl. Ich war immer bis zum Mittagessen satt.

Schon nach wenigen Tagen fühlte ich mich wacher, leistungsfähiger und gesünder. Nach dieser positiven Erfahrung führte ich den Smoothie als satt machende Mahlzeit auch abends ein.

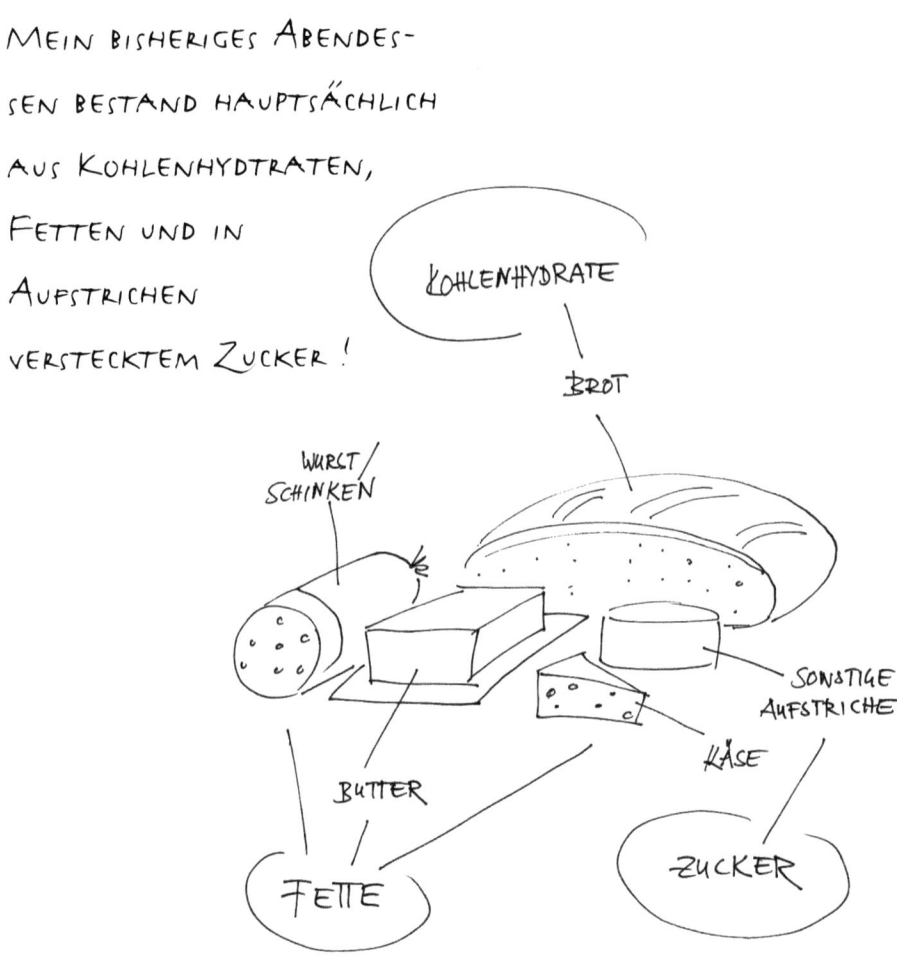

MEIN BISHERIGES ABENDESSEN BESTAND HAUPTSÄCHLICH AUS KOHLENHYDTRATEN, FETTEN UND IN AUFSTRICHEN VERSTECKTEM ZUCKER!

KOHLENHYDRATE

BROT

WURST/SCHINKEN

SONSTIGE AUFSTRICHE

KÄSE

BUTTER

FETTE

ZUCKER

Bis zu diesem Erlebnis bestanden meine beiden Mahlzeiten morgens und abends hauptsächlich aus Brot, Butter, süßen uns salzigen Aufstrichen, Wurst, Schinken und Käse. Eine einzelne saure Gurke oder einen halben Apfel verschweige ich lieber, da er kaum ins Gewicht fällt.

Wenn ich diese beiden Mahlzeiten heute nüchtern betrachte, bestehen sie hauptsächlich aus großen Mengen Kohlenhydraten, Fetten und Zucker. Brot lieferte die Kohlenhydrate, Wurst, Käse, Aufstrich und Butter die Fette und süßer Aufstrich den Zucker.

Ich habe mich selten gewogen. So bemerkte ich die abnehmende Wirkung der grünen Smoothies erst, als meine Hose plötzlich zu weit war. Ich konnte den Gürtel enger schnallen und hatte unbemerkt bereits vier Kilogramm abgenommen obwohl ich sonst nichts an meinem Leben verändert hatte! Ich trieb nach wie vor keinen Sport. Trotzdem fühlte ich mich nie hungrig, weniger leistungsfähig oder unterversorgt. Nein, ich fühlte mich viel besser als vorher! Mein Körper war aktiver und ich bekam plötzlich Lust darauf, Dinge zu tun, die ich früher immer gleich abgelehnt hatte weil sie mir ein wenig zu anstrengend erschienen: Lange Wanderungen, Radtouren, etc.

Das, was mich zudem begeisterte, war folgende Tatsache: Ich veränderte nichts an meinem Mittagessen. Da meine Kinder meistens mittags mit Hunger aus der Schule kommen, essen wir gemeinsam normale durchschnittliche Mittagessen wie das auch der Großteil der Bevölkerung macht: Nudeln mit unterschiedlichen Soßen, Mehlspeisen, Fleisch, Fisch – eben alles, was uns und den Kindern schmeckt. Manchmal, wenn wir sehr in Eile sind, machen wir uns auch einmal eine Tiefkühlpizza oder Fischstäbchen mit Ketchup.

Nach einiger Zeit wünschten sich meine Kinder zum Frühstück –
ohne dass ich sie je zu etwas gezwungen hätte – plötzlich ebenfalls
einen Smoothie. Ich vermute, dass einer der Gründe die Schnelligkeit
des Essens war: Sie konnten so etwas länger schlafen und mussten
sich nicht so mit dem Essen beeilen. Denn wie fast alle Kinder, war
das Aufstehen morgens vor der Schule immer eine Tortur. Mit den
Smoothies hatte in unserer Familie eine neue Ära begonnen. Und
keiner hatte das Gefühl auf etwas verzichten zu müssen. Im Gegen-
teil: Smoothies brachten uns nur Vorteile: 1. Schnelle Mahlzeiten und
2. Gesunde Mahlzeiten. Durch die gesunden Zutaten essen meine
Kinder nun viel mehr Obst und Gemüse als vorher (vermutlich weil

SO VIEL OBST UND
GEMÜSE WÜRDE ICH
SONST NIE IM LEBEN-
ESSEN ...

es nicht mehr sichtbar und schnell zu trinken ist) und haben tagsüber viel weniger Lust auf Süßigkeiten. Vor allem machen wir uns als Eltern keine Gedanken mehr darüber, ob wir unsere Kinder gesund genug ernähren. Sie essen mittags und abends einfach das, was ihnen schmeckt und haben ihre Gemüse- und Obstration schon beim Frühstück getrunken – und das in einer Menge, die mich immer noch staunen lässt. Mir wurde das alleine anhand der Salatmenge bewusst: In meinen Smoothie kommt immer die Menge von ca. einer Packung Blattgemüse, wie man sie im Supermarkt kaufen kann. Das sind z.B. rund 200 Gramm Feldsalat. Wir trinken dann zum Frühstück immer ca. 1,6 Liter grünen Smoothie (je nach Wassermenge). Das sind pro Person ca. 0,4 Liter, wobei die Kinder etwas weniger und die Erwachsenen etwas mehr trinken. Wenn ich also von einer Menge von 0,3 Litern pro Kind ausgehe, entspräche das ca. 40 Gramm Feldsalat. Spaßeshalber habe ich mir
40 Gramm abgewogen und locker auf einem Teller angerichtet. Probieren Sie es einmal selbst aus: Diese Menge ergibt einen ganzen Salatteller! Nie im Leben hätten meine Kinder so viel Salat gegessen! Stöhnen und Gemaule wären die Folge gewesen. Und erst Salat zum Frühstück? Niemals! Mittags und abends wären sie bestimmt genauso „begeistert" von diesem gesunden Essen gewesen.

Inzwischen bin ich ganz entspannt, wenn sie sich ab und zu „Fabrik"-Essen, wie panierte Fischstäbchen, Tiefkühlpizza oder Pommes mit übermäßig viel Ketchup einverleiben. Ich bin davon überzeugt, dass unser eher unkomplizierter Umgang mit Essen ab diesem Zeitpunkt genau dazu führte, dass unsere Kinder den „ungesunden" Speisen, wie z.B. Pommes etc. nicht mehr die Aufmerksamkeit schenkten wie früher. In früherer Zeit haben wir immer und immer Verbote und Regeln ausgesprochen: „Nein, das essen wir nicht, das

ist ungesund! Nein, so etwas kaufen wir gar nicht ein, usf."
Nun kochen wir mittags einfach das, was uns allen schmeckt und sind viel glücklicher. Auch die Streitereien um Süßigkeiten haben nachgelassen. Wenn nun jemand Lust auf etwas Süßes hat, macht er sich meistens einen Smoothie! Der Hunger auf Süßes wurde quasi durch die Smoothies gestillt.

Auf die Verwendung von Ölen, Nüssen und Getreiden in Smoothies verzichtete ich und vermisse nichts. Es gibt einige Autoren, die z.B. Leinsamen oder frische Öle zu ihren Smoothies geben um damit eine angeblich ausgewogenere Ernährung zu gewährleisten. Ich persönlich halte mich auch hier an meinen persönlichen Verstand: Fette und auch Kohlehydrate nehme ich sowieso beim Mittagessen auf – z.B. bei einem Teller Spaghetti. Ich mache mir deshalb keine Gedanken darüber, dass ich meinem Körper etwas vorenthalten würde. Er vermisst nichts.

Inzwischen habe ich so viel abgenommen, dass ich bei 183 cm Körpergröße so um die 75 kg wiege. Ich treibe nicht mehr Sport als vorher – also wenig. So kann meine Gewichtsreduktion von inzwischen ca. 20 kg nicht durch mehr Sport oder Bewegung verursacht worden sein (Ja, ich wog früher ca. 95 kg mit steigender Tendenz!). Ich verspreche es Ihnen: An meiner Lebensweise hat sich nichts geändert. Nur Frühstück und Abendessen habe ich durch Smoothies ersetzt. Mittags esse ich alles was mir schmeckt und auch so viel ich will. Meiner Frau geht es inzwischen genauso. Sie ist ebenso überzeugt wie ich: Der Grund für unsere Gesundheit und unser reduziertes Körpergewicht sind nur die Smoothies.

MEIN ERSTER SMOOTHIE, DEN ICH JE IN MEINEM LEBEN
PROBIERT HABE. HIER HABE ICH DAS REZEPT FÜR SIE NOTIERT.
EIGENTLICH BRAUCHEN SIE ABER KEIN REZEPT. SCHAUEN SIE,
WAS SIE IM HAUS HABEN ODER GEHEN SIE MIT GENUSS EIN-
KAUFEN!

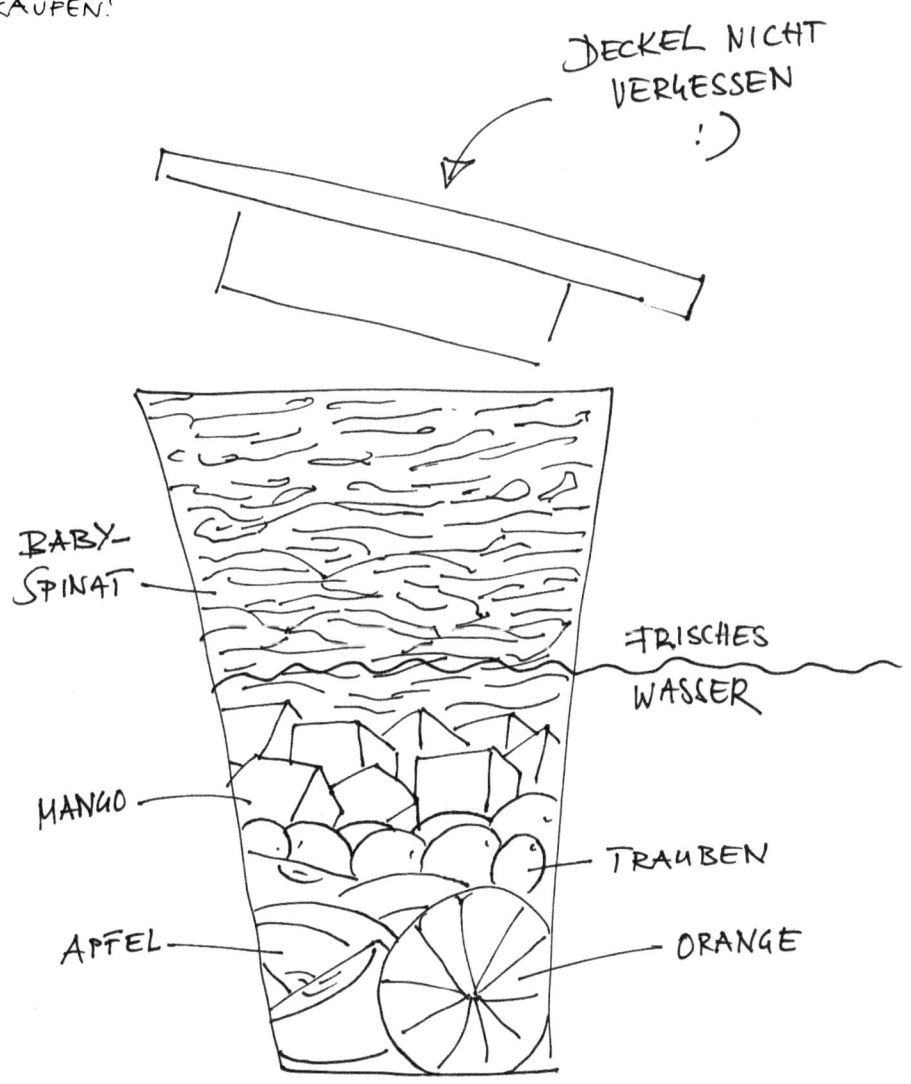

DECKEL NICHT
VERGESSEN
:)

BABY-
SPINAT

FRISCHES
WASSER

MANGO

TRAUBEN

APFEL

ORANGE

Selbst die Smoothies sehe ich nicht dogmatisch, wie ich das oft bei Vegetariern oder Veganern erlebe: Wenn wir Besuch haben, hole ich nach wie vor frische Brötchen und beschmiere sie mit Butter und Marmelade und sie schmecken mir! Ich zwinge mich nicht in allen Situationen zu einer sklavischen Einhaltung von selbst auferlegten Regeln oder Gesetzen.

Ich habe nur ein wohlschmeckendes Frühstück und ein leckeres Abendessen durch ebenso leckere Mahlzeiten in Form von Smoothies ersetzt. Diese Veränderung ist für mich weder Qual noch Verzicht. Es ist eher so, als wenn ich mich beim Frühstück zwischen Marmelade oder Honig entscheiden müsste.

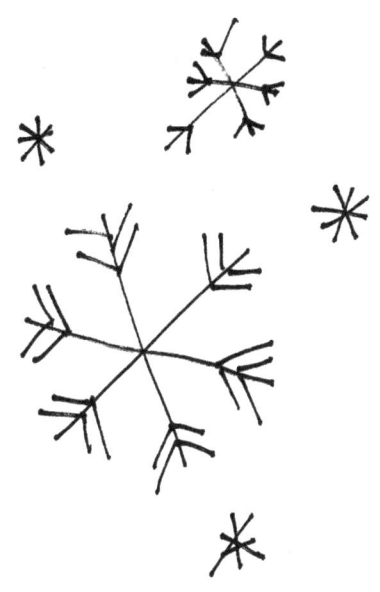

GEFRORENE PRODUKTE Z.B. BLATTSPINAT, MANGO, BANANE, BEEREN ODER EISWÜRFEL KÜHLEN DEN SMOOTHIE UND MACHEN IHN LECKERER !!!

NUR DIE HOLZIGEN STIELE MÜSSEN ENTFERNT WERDEN. IST DER MIXER STARK GENUG, PÜRIERT ER KERNGEHÄUSE VON ÄPFELN EBENSO FEIN WIE ALLES ANDERE. SOGAR DEN STRUNK EINER ANANAS ODER DAS GRÜN AN ERDBEEREN KANN MAN GETROST MIT HINEINGEBEN — DAS GEHT RICHTIG SCHNELL!

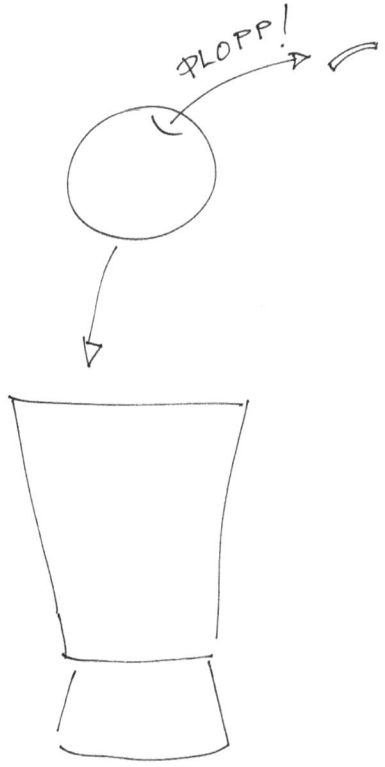

PLOPP!

HIER MAL ETWAS MIT BEEREN. NICHT ALS REZEPT -
NUR ZUM NACHMACHEN - WEIL ES SO LECKER IST!

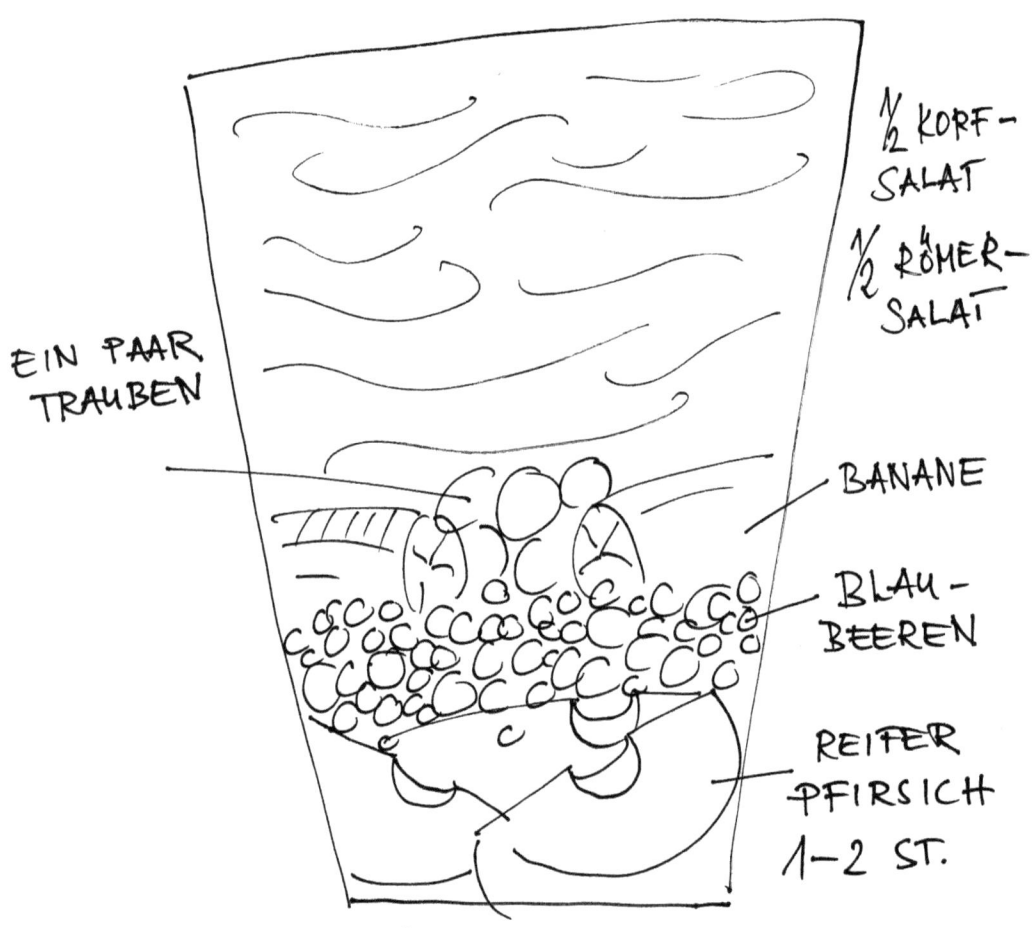

½ KORF-
SALAT

½ RÖMER-
SALAT

BANANE

BLAU-
BEEREN

EIN PAAR
TRAUBEN

REIFER
PFIRSICH
1-2 ST.

BIO!

OBST AUS BIOLOGISCHEM ANBAU MUSS NICHT GESCHÄLT WERDEN. DIREKT UNTER DER SCHALE BEFINDEN SICH VIELE WICHTIGE NÄHRSTOFFE UND VITAMINE. AUCH SALATGURKEN NICHT SCHÄLEN! REGIONALE UND SAISONALE BIO-PRODUKTE KAUFEN!

ZITRUSFRÜCHTE IMMER SCHÄLEN!

SALAT VOR DEM MIXEN IMMER WASCHEN!
(AUSSER MAN MAG SAND IM SMOOTHIE, BRRRRRRRRRR ...)

FLÜSSIGKEIT KANN AUCH DURCH FRUCHTSAFT ERSETZT WERDEN. Z.B. KANN MAN MEHR GRÜN VERWENDEN UND DAFÜR EIN GLAS APFELSAFT ODER ORANGENSAFT HINZUGEBEN.

BIRNE — EIN TRAUM! ABER PROBIEREN SIE EINFACH IHREN PERSÖNLICHEN GESCHMACK. WENN SIE ETWAS NICHT MÖGEN, EINFACH WEGLASSEN! WENN ETWAS FEHLT, EINFACH DAZU UND LOS GEHT'S!

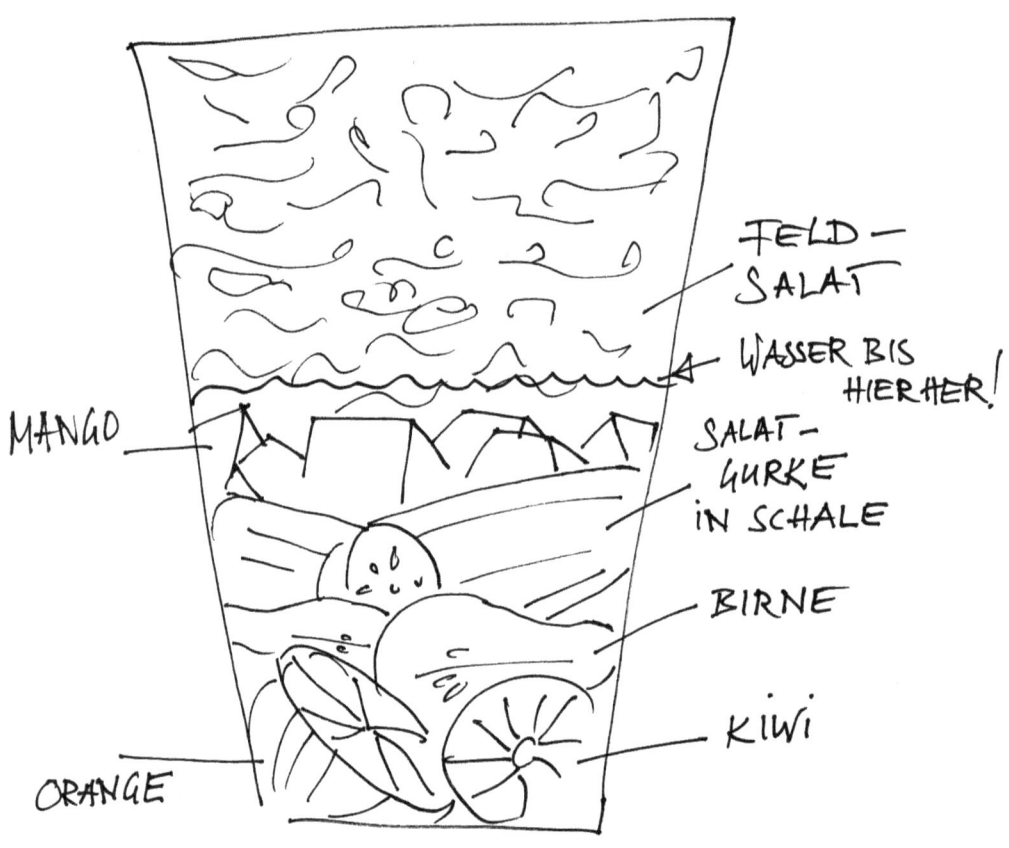

FELD-SALAT

WASSER BIS HIER HER!

MANGO

SALAT-GURKE IN SCHALE

BIRNE

KIWI

ORANGE

SÜSSE IN FORM VON ZUCKER,
HONIG, SIRUP ETC. IST NIE NOT-
WENDIG. DIE SÜSSE ENTSTEHT AL-
LEINE DURCH DIE SÜSSEN FRÜCH-
TE. IST DER SMOOTHIE NACH
DEM MIXEN NICHT SÜSS GENUG,
GENÜGEN EIN PAAR WEINTRAU-
BEN ODER EINE REIFE BANANE.
ERNEUT DURCHMIXEN, FERTIG!

GRAPEFRUITS UND ORANGEN MACHEN SMOOTHIES OFT SEHR
SAUER. DESHALB VERWENDE ICH HÖCHSTENS EINE ZITRUSFRUCHT
IN MEINEM SMOOTHIE — AUSSER WENN DIE ORANGEN SEHR
REIF UND SÜSS SIND. ACHTEN SIE DARAUF, WELCHE FRÜCHTE GE-
RADE SAISON HABEN. DIESE SIND RICHTIG REIF UND VIEL LECKE-
RER (z.B. ORANGEN IM JANUAR ANSTATT DIE SAUREN ERSTEN
EXEMPLARE IM NOVEMBER)!

Morgens mixe ich mir etwas süssere Smoothies als abends. So bin ich gleich top fit und der Tag kann beginnen!

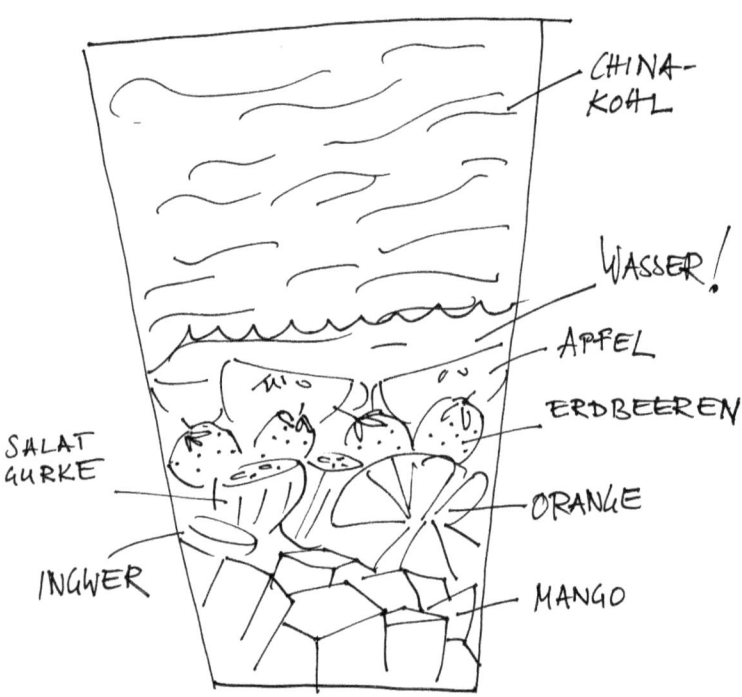

Variieren Sie! Jede Abwechslung und jede neue Kreation ist ein Gewinn für den Geschmackssinn. Ihr Körper profitiert davon – denn jedes Blattgemüse und jede Obstsorte enthält eine andere wichtige Kombination an Inhaltsstoffen. Der Körper kann sich so immer genau das holen, was er gerade benötigt.

GARTENKRÄUTER/GEWÜRZE WIE PETERSILIE, STANGENSELLE-RIE, ETC. SIND ZUM TEIL SEHR GESCHMACKSINTENSIV. DAS MAG NICHT JEDER. FÜR DEN ANFANG EMPFEHLE ICH DESHALB NEUTRALE GRÜNGEMÜSE WIE KOPFSALAT, SPINAT ODER FELDSALAT.

SALATE MIT BITTERSTOFFEN, z.B. RADICCHIO, SIND NICHT JEDERMANNS SACHE. DIESE SALATE KANN MAN ABER IN KLEINEN MENGEN MIT HINEINGEBEN. GENAUSO WIE SIE DIE FRÜCHTE MISCHEN, MISCHEN SIE AUCH AUS UNTERSCHIEDLICHEN GRÜNGEMÜSEN IHRE ANGENEHMSTE GESCHMACKSKOMBINATION.

GEBEN SIE SAFTIGE BESTANDTEILE IMMER ZUERST AUF DAS MIXERMESSER. SO KANN DAS MESSER ALLES BESSER ERFASSEN. DREHT DAS MESSER DAUERND HOHL UND ES MUSS NACHGESTOPFT WERDEN, WIRD SELBST DAS MIXEN MÜHSEELIG!

Ich mixe meinen Smoothie immer für ca. 1 Minute, wobei ich die Geschwindigkeit zuerst auf langsam stelle, dann immer schneller. Mein Mixer verfügt zwar über ein Programm „Smoothie". Dieses muss ich aber zwei mal laufen lassen, um die von mir gewünschte Konsistenz zu erreichen. Also auch hier gilt: Probieren Sie es selbst aus. Ist alles noch zu grob, mixen sie schneller und länger … aber das bekommen Sie schnell raus! Selbst ein Smoothie-Programm" am Mixer sollten

Sie kritisch betrachten! Entscheiden Sie selbst über die Konsistenz Ihres Smoothies!

Zum Schluss noch der wichtigste Tipp:

MACHEN SIE IHREN SMOOTHIE SO, DASS ER IHNEN RICHTIG GUT SCHMECKT. ESSEN UND TRINKEN SIE NUR DAS, WAS IHNEN SCHMECKT UND FÜHLEN SIE SICH WOHL DABEI!

(...UND IST MAL EIN SMOOTHIE ÜBERHAUPT NICHTS GEWORDEN, SCHÜTTEN SIE IHN EINFACH WEG UND MIXEN ERNEUT — HAB ICH AUCH SO GEMACHT. MIT DER ZEIT BEKOMMEN SIE EIN GUTES GEFÜHL FÜR DIE ZUTATENMENGEN!)

Viel Spass beim Mixen und beim zwanglosen abnehmen!